Es war einmal:
EINE ANDERE WELT!
Gedichte und Hoffnung
PIT VOGT

Idee, Design & Layout: Pit Vogt

Alle Texte sind frei erfunden

<u>Impressum</u>

Herstellung und Verlag:
BoD - Books on Demand, Norderstedt
ISBN: 978-3-7504-0425-0

© 2020

Vielen Dank allen Helfern,
die in dieser schwierigen Zeit für uns und unser
großartiges Land da sind!
Ihr seid so mutig und so wichtig!
Danke!

Es war einmal

Es war einmal in einem sehr fernen Land
Da hatten die Menschen stets Glück und auch Geld
Sie lebten für sich dort wie auf ewig verbannt
Im Königreich dort draußen in dem sehr fernen Land
Weit fort von der trüben und so kranken Welt

Der Königssohn aber wollt wissen, wie's ist
Dort draußen hinter dem Ozean, ganz weit fort
Denn irgendwas hatte er so sehr vermisst
Was kann das nur sein, dass da draußen noch ist
Wo liegt jener fremde, gefährliche Ort

Doch der König, der stark und sein Vater ja war,
der meinte, das geht nicht, keiner darf je dorthin
Da wurde dem Jungen ganz plötzlich wohl klar:
Er muss heimlich gehen in diese Gefahr
Das Unbekannte suchen,
Das schien ihm der Sinn

Denn der Vater hatte ihm immer gesagt:
Manchmal muss man kämpfen,
Fürs Geld und fürs Glück
Nie hatte er später den Vater gefragt
Nie hatte der Vater vor ihm je geklagt
Sie hatten vom Glück und vom Geld doch ein Stück

Jedoch in der Fremde, in der unheilvollen Welt
Lauert die Gefahr, die der Vater gekannt
Doch der Prinz ahnte, dass ihn hier nichts mehr hält
Ihn zog die Neugier, er wollte fort in die Welt
Ganz weit da draußen in dem unsicheren Land

So schlich er sich nachts aus dem Hause davon
Fuhr mit einem Boot übern Ozean fort
Er war wirklich mutig, er war Vaters Sohn
Er wollte weit weg, einfach auf und davon
Und traf schließlich ein an dem wildfremden Ort

Doch dort gab's kein Glück, keiner hatte dort Geld
Und mancher war krank, ohne Arbeit und Brot
Der Junge verstand nicht die furchtbare Welt
Er war nicht mehr glücklich und hatte kein Geld
So ganz unbehütet kam er arg in Not

Da fiel es ihm ein, was der Vater gesagt:
Geht's nicht, musst du kämpfen,
Dann wird es schon gut
Nie hatte der Vater geschimpft und geklagt
Er hatte dem Sohn immer wieder gesagt:
Du brauchst weiter nichts außer ehrliches Blut

So baute er auf, ohne Geld, ohne Wein
Er wusste genau, das er's schaffte schon bald
Es sollten die Kinder doch fröhlicher sein
Und Häuser die wuchsen behänd Stein auf Stein
So wurde er selbst bald schon krank und nicht alt

Doch ehe er starb, fern der Heimat, die schön,
ja da spürte er's deutlich: ihn liebte die Welt
Er brauchte nicht einsam und traurig zu gehn
Arm war er und krank, doch sein Traum wurde schön
Da ward ihm recht klar, was wirklich nur zählt

Nicht Glück und nicht Reichtum, sind ewig und satt
Es ist nur die Liebe, die alle vereint
Nie geht's auf der Welt immer gut und nicht glatt
Und viele die werden im Leben nie satt
Doch ist man ein Mensch, hat ein Herz,
Liebt und weint

Veränderte Welt

Ich kannte eine ferne Welt
Die war sehr reich,
Sehr schnell,
Sehr froh
Da suchte man den Sinn,
Der zählt
Da gabs manch´ Party sowieso

Da feierte man ganz ohne Zwang
Und in den Städten war Betrieb
Auf grünen Wiesen:
Frau und Mann
Die hatten sich tagtäglich lieb

Betriebe, Schulen, Kinderhort
Das pure Leben,
Laut und grell
Die Welt war ein bewegter Ort
Die Wirtschaft wuchs
Zum Himmel schnell

Doch eines Tags von Osten her
Kroch bös ein Virus in die Welt
Ganz plötzlich gabs kein Leben mehr
Und nichts blieb so,
Wie´s einst gezählt

So viele starben vor der Zeit
Und Angst beherrschte jede Stadt
Durch alle Welt kroch Not und Leid
Und keiner wusste, ob er´s hat

Der Handel stoppte,
Es ward still
Das Leben starb,
Die Großstadt schwieg
Zuhause bleiben – so das Ziel
Und manch´ Betrieb geschlossen blieb

Kein Kino, kein Theater mehr
Beim Fußball – nur manch´ Geisterspiel
Bars, Restaurants – verlassen, leer
Man fragte nach dem Sinn,
Dem Ziel

Es hieß:
Zwei Meter Abstand jetzt
Mit Mundschutz nur zum Einkauf gehn
Im Altenheim so sehr verletzt
Du darfst die Großeltern nicht sehn

Mit Ausgangssperren lebt sich´s schlecht
Bei einem Feind, den man nicht sieht
Man rief nach Freiheit laut,
Nach Recht
Wo geht's nur hin,
Wenn nichts geschieht

Da wuchs ein neues Lebens-Licht
Die andere Art
Gemeinschaftssinn
Man half untereinander sich
Milliarden für den Neubeginn

In Krankenhäusern bliebs doch schwer
Und Schwestern, Ärzte kämpften hart
Wo kam nur all dies Sterben her
Weil man dagegen noch nichts hat

Da ließ dies Land mich nicht allein
Und die Versorgung klappte gut
Den Menschen fiel so vieles ein
Mit Liebe, Kraft und so viel
Mut

Im Internet sang man sich frei
Man sang auf Straßen,
Vor manch´ Haus
Das Leben war nicht einerlei
Es sah nicht trüb und sinnlos aus

Die Wissenschaftler forschen wild
Damit das Sterben endet:
Jetzt
Und von Entschlossenheit erfüllt
Des Menschen Wille
Unverletzt

Ich kannte eine ferne Welt
Die schien zu reich,
Zu schnell,
Zu krank
Heut weiß ich,
Was da wirklich zählt
Es ist das Menschsein,
Und mein Land

Virus

Ein Virus jagt wild um die Welt
Es ist gefährlich
Und nicht gut
Es fragt uns nicht nach Macht und Geld
Es taucht tief ein
Ins Menschenblut

Und irgendwo,
Da tobt ein Krieg
Und Menschen fliehen aus dem Land
Das Virus um die Erde zieht
Bringt Hysterie
Ganz unerkannt

Da stehen Menschen hilflos,
Starr
An einer Grenze,
Die schon dicht
Nichts bleibt dort so, wie es mal war
Den Rückweg gibt es für sie nicht

Schon ist das Virus vor der Tür
Und mordet jeden,
Der nicht stark
Ich will nicht bleiben
Da und
Hier
Ich habe Angst
Nachts und am Tag

Die Fremden raffen sich bald auf
Sie wollen leben
Ohne Krieg
Doch sind zu schwach sie für manch´ Lauf
Sie singen auch kein Wanderlied

Sie wissen nichts vom Virus,
Ach
Und keiner steckt es ihnen,
Nein
Sie suchen nach 'nem dichten Dach,
Nach einem Leben,
Einem Heim

Das Virus aber jagt behänd
Und niemand hält es jemals auf
Es scheint, als ob es uns längst kennt
Und jeder nimmt das wohl in kauf

Doch da, im allzu fernen Land,
Da fallen Bomben
Auf manch' Stadt
Da tobt so mancher Flächenbrand
Da, wo es noch kein Virus hat

So heizt man hier die Stimmung an
Mit manchem Virus,
Das uns killt
Ich ziehe still davon sodann
Dahin, wo man davon nichts fühlt

Und aus der Ferne seh' ich bald
Das Virus fliegt auf und davon
Doch Kriege werden ziemlich alt
Und Menschen fliehen immer schon

Das Virus ist bald nicht mehr da
Und ruhig wird's in unsrer Welt
Für uns ist's dann, wie's immer war
Wir sind noch hier,
Der Frieden hält

Ende und Anfang

Irgendwo auf dieser Welten
Wartest du aufs große Glück
Ja, du weißt,
Du willst was gelten
Niemand darf dich rügen,
Schelten
Und du kriechst dahin
Manch´ Stück

Längst bist du vorbei,
Vergessen
Weil dich niemand kennen will
Wolltest gern vom Kuchen
Fressen
Wolltest dich mit jedem
Messen
Doch in deinem Herz bliebs
Still

Einsamkeit zerfrisst und wabert
Durch dein Hirn,
Durch Mark und Bein
Wo die letzte Hoffnung hadert,
Bleibt nur Kälte,
Die dir schadet
Längst willst du ganz anders sein

Doch dein Leben klebt wie Kotze
Geht nicht vor und nicht zurück
Lügen fallen aus der Glotze
Deine Nase strotzt von
Rotze
Nur im Traum lebt noch dein Glück

In Gedanken killst du jeden,
Der dir mal zu nahe kommt
Du willst fliehen
Bis nach Schweden
Nie mehr auf der Stelle treten
Doch du hast es nicht
Gekonnt

Und die andern grinsen zynisch
Ziehen stumm an dir vorbei
Du weißt längst,
Das ist nicht rühmlich
Fühlst dich krank und tot
Und dümmlich
Und dein Hirn zerkocht wie
Brei

Schwer dein Kopf, dein Leib,
Die Seele
Jeder Tag ward zum Schafott
Schnaps und Tränen schnürn die Kehle
Dass dich niemals mehr was quäle
Wo kein Leben,
Da nicht
Gott

Ach, dein Ziel verschwimmt im Regen
Gibst du auf,
Dann ist es fort
Doch wie willst du noch was geben
Doch woher kommt noch ein Segen
Wenn dir fehlt ein rechtes
Wort

Lass die Hoffnung dir nicht klauen
Jag die Dummheit weg von dir
Du musst stets nach vorne schauen
Kannst vielleicht was Großes bauen
Immer noch ist Glaube hier

Kämpfst dich dann aus aller Scheiße
Irgendwann
Geht's steil bergauf
Und die Kraft schlägt laut,
Nicht leise
Und dein Hirn kennt jene Weise
Und du stehst erneuert auf

Fassade

Ängste zwischen Tag und Nacht
Dunkle Träume drohen
Tränenschwer bis früh um 8
Träges Hirn
Und Sorgen

Es erdrückt dich jede Stund
Ausweg siehst du keinen
Herz und Seele krank und wund
Kannst dich nicht befreien

Niemand sieht dein Leid,
Die Not
Deine Hoffnung schwindet
Heimlich betest du zu Gott
Wo dich niemand findet

Du musst stark sein,
Immerfort
Auch wenn du am Ende
Hör auf jedes gute Wort
Schau auf deine Hände

Wenn auch Trauer dich zermürbt
Weiß, so ist das Leben
Wenn manch´ Lächeln längst zerstört
Du kannst Liebe geben

Neubeginn

Hast du dir das ausgesucht
Einen Krieg,
Der alles schlägt
Der uns tötet voller Wucht
Der uns stößt tief in die Schlucht
Wo es bald zu Ende geht

Hast du dir das ausgedacht
Dass ein Virus uns zerfetzt
Dass wir sterben
Tag und Nacht
Dass der Teufel lautstark lacht
Dass wir leiden wie gehetzt

Hast du denn davon geträumt
Dass wir schweigend untergehn
Dass wir alles Glück versäumt
Dass die Sonn uns nicht mehr bräunt
Dass wir nicht zusammen stehn

Nein, das ist nicht unser Sinn
Wir sind Menschen
Mutig, stark
Unser Geist ist der Gewinn
Mit Ideen kommt man hin
Ja, wir kämpfen ohne Klag

Krieg und Virus – scheißegal
Wir bestimmen diese Zeit
Manchmal bleibt nicht viel zur Wahl
Und manch' Weg scheint holprig,
Schmal
Doch die Zukunft liegt nicht weit

Wisch die Tränen einfach weg
Schau nach vorn und nie
Zurück
Leben ist mal kurvig, schräg
Manchmal scheints bescheuert,
Blöd
Doch du weißt,
Bald kommt dein Glück

Lasst gemeinsam uns jetzt sein
Überall auf dieser Welt
Diese Welt ist nie allein
Unser Herz ist nicht aus Stein
Weil für uns nur Hoffnung zählt

Zuhause

Zuhause ist nicht nur ein Wort
Es schreibt sich schnell und gut und schön
Man sagt an einem fernen Ort:
„Jetzt lass uns doch nach Hause gehn"

Zuhause ist die Mama auch
Zuhause die Familie, ach
Zuhause wohl manch voller Bauch
Zuhause ist ein gutes Dach

Zuhause ist Erinnerung
An Güte und
Geborgenheit
Zuhaus' ist die Versicherung
Für Glaube und für
Sicherheit

Zuhause schaltet man gern ab
Da lässt man Vieles draußen sein
Zuhause isst man sich gern satt
Zuhause trinkt man Bier und Wein

Zuhause ist der kleine Ort
Wohin man kommt nach großer Fahrt
Zuhause ist nicht nur ein Wort
Es ist die Punkt,
Der Ruhe hat

Zuhause wird man schnell gesund
Da ist viel Liebe, Wärme, Glück
Zuhause sitzt man gern manch' Stund'
Dort schöpft man Kräfte
Stück um Stück

Zuhause ist ein treuer Ort
Es ist die Hoffnung, Traum und
Spiel
Zuhause ist ein gutes Wort
Es ist dein Leben und
Gefühl

Leben

Was ist das Leben für mich wert
Ich denke nach
Und weiß es nicht
So manche Dinge sind verkehrt
Nicht immer bin ich unbeschwert
Sehr oft erstarrt das Angesicht

So manches ändert sich sehr schnell
So manche Planung geht zu Bruch
So manche Aussicht ist nicht hell
Oft blendets in den Augen grell
Und manchmal hilft nicht mal ein Fluch

Doch plötzlich wird es sonnenklar
Das Leben ist schon lebenswert
Bleibt auch nicht alles, wie es war
Fliegt drüber hin manch' Vogelschaar
Es ist doch gut
Und nie verkehrt

Leb jeden Augenblick,
Sei froh
Nimm jeden Herzschlag dankbar hin
Hilf deinen Lieben,
Sowieso
Und sag dir stets:
Das ist halt so
Es ist dein Leben,
Dein Gewinn

Es ist, ganz klar,
Wohl auch
Dein Sinn

Wunsch

Manche faseln viel von Glück
Doch sie selbst sind satt und reich
Kennen von der Pein kein Stück
Doch sie plappern stets vom Glück
Doch sind fern die Leiber
Bleich

Auch von Liebe plappert man
Doch es blühen Neid und Hass
Jeder kämpft zäh wie er kann
Korruption lebt gut sodann
Kriege geben manchen Spaß

Diese Welt scheint schräg und schief
Überall sieht man Verdruss
In den Städten Rauch und Mief
In den Köpfen plagt manch` Tief
Und es stinkt nach Tod und
Schluss

Doch in Wäldern,
Irgendwo
Blüht ein kleiner Hoffnungskeim
Dort ist´s wieder ruhig und froh
In dem fremden Anderswo
Da darf jeder glücklich sein

Drum beginnt nochmal von vorn
Macht es besser
Macht es gut
Legt jetzt nieder
Hass und Zorn
Dort, wo Menschlichkeit erfrorn
Lebt die Liebe
Und habt
Mut

Kein Gott?

Sorgenvoll mit schlimmer Ahnung
Spüre ich des Himmels Warnung
Nein, ich sehe Gott nicht mehr
Nebel macht das Leben
Schwer

Lügen-Pfarrer,
Missbrauchsfälle
Ist dort Gott nicht mehr zur Stelle
Mob und Pöbel auf den Straßen
Lässt Gott Menschen böse hassen

Asoziale Hausverwalter
Viel zu dämlich für ihr Alter
Faulheit,
Schwachsinn,
Wenig Bildung
Gott gab -hier- wohl keine Widmung

Kriege, Hunger,
Klima-Hölle
Menschen auf der Armuts-Welle
Gott scheint da wohl in den Ferien
Vielleicht schaut er -heiße- Serien

Für Gesundheit muss man zahlen
Zahlt man nicht,
Stirbt man mit Qualen
Wo ist Gott bei all der Scheiße
Wohl schon lang auf weiter Reise

Mietenwahnsinn,
Spekulanten
Manch´ Betrüger in den Landen
Drogendealer fülln sich Taschen
Gott hat alle wohl verlassen

Korruption und Schmierereien
Fake-News in manch´ Medien schreien
Pöstchen schiebt man quer durchs Amte
Gott schaut weg bei solcher
Schande

Ehrlichkeit, Respekt und Wissen
Darf man hier im Land vermissen
Ist man asozial und kriminell
Kommt man weiter flott und schnell

Anspruch, Lust und echte Liebe
Längst verspielt im Puff der Triebe
Wenn du ekelhaft
Versaut
Man dir goldene Brücken baut

Manchem Rentner fehlts an Sonne
Sucht nach Leergut in der Tonne
Weil die Rente nicht mehr reicht
Er nun zum Sozialamt schleicht

Dummheit hetzt durch triste Gassen
Hast du Geld,
Dann darfst du prassen
Dann kaufst du dir alles Recht
Kannst du´s nicht,
Dann geht's dir schlecht

Manchmal möcht ich fort
Und fliehen
Ganz weit zu den Sternen ziehen
Gott ist hier schon lang nicht mehr
Überall scheints öd und
Leer

Noch schwingt Hoffnung tief im Herzen
Leuchten vorm Altar noch Kerzen
Wenn die Seele spürt noch Kraft
Hats der Glaube dann geschafft
???

Evolution

Einst aus dem Wasser lang entstiegen
Über Stock und über Zeit hinweggerettet
Von einem Asteroiden beinah zerschlagen
Und halbtot am Urozean gelegen
So kroch er übers Ufer
Bis hin zum Baum
Und bis zum Felsen
Er hat noch keinen Krieg geführt
Lief auf der Erde immer aufrechter
Und stand dann bald
Nach Jahrmillionen
Kerzengerade
In der Welt
Doch dann reichte es ihm nicht
Er unterwarf sich seinesgleichen
Und beutete sich aus
Und erfand das Geld
Wo er sich vor den anderen emporhob
Und doch nicht anders war als alle
Er lernte lesen
Und auch schreiben
Und auch kämpfen
Und auch töten
Er tötete so viel
Und er empfang gar nichts dabei
Vergessen längst die Jahrmillionen
Wo er selbst noch schwach
Und klein
Und dumm
Er wollte immer mehr
Und immer weiter hinaus
Sogar ins All
Dass um die Erde sich erstreckt
Und unendlich scheint
Und auch gefährlich
Er will dorthin
Er will sie suchen – all die anderen, diese Fremden

Und kommt doch mit Fremden selbst nicht klar
Auf einem fremden Planeten
In einer anderen Galaxis
Da ist er selbst fremd
Und wieder klein
Und wieder schwach
Vielleicht
Doch will er hin
Es steckt tief in ihm drin
Er will hinaus
Er muss hinaus
Und plötzlich erschafft er sich Roboter
Lebewesen, die lernen, selbst zu denken
Sie denken für ihn mit
Und helfen ihm
Und machen für ihn
Und töten auch
Er will sich erheben über alles
Doch die Roboter sind stärker
Und wollen das genau wie er
Sie lassen ihn nicht weiterziehen
Und sie machen Kriege gegen ihn
Und er?
Er spürt, dass er was falsch gemacht
Nur was?
Soll er wieder klein werden
Soll er vergehen in der Unendlichkeit
Ohne je die Fremden je gesehen zu haben
Er wollte es so sehr
Und all die Millionen von Jahren
Sind sie vergessen – so, als wenn es sie niemals gab
Der Tod ist immer mit dabei
Doch da kommen sie, die Fremden
Sie fanden den Weg eher als er
Er war noch nicht so weit
Die Fremden schon
Und sie vernichten ihn – nicht
Sie helfen ihm bei seiner Entwicklung
Und gemeinsam ziehen sie los

Fort von der Erde
Ins tiefe All hinaus
Gemeinsam
Nur so kann ein Wesen es schaffen, gemeinsam
Und all die Millionen Jahre hatten Sinn
Mit einem Mal
Er nimmt sie mit, all diese Erinnerungen
Sie sind tief in seiner DNA
Sie machen ihn aus, denn sie sind auch Heimat
Und mit den Fremden finden sie irgendwann
Neue Fremde
Sie sind doch gleich
Aus einer Materie gemacht
Und wieder ziehen sie los
Gemeinsam
ZU neuen Dimensionen
Zu neuen Galaxien
In eine neue Zeit
In ein neues Universum
Gemeinsam
Wie gut das doch ist
Ja, es ist gut

Niemals allein

Wohin du auch immer noch so gehst,
Der weite Himmel wird dich überallhin
Und gut begleiten
Er zieht sich wie ein Bogen,
Egal, wo du auch immer stehst
Ja, er wölbt sich schon seit ur-ewigen Zeiten
Und wird für lange Zeiten über allen Dingen bleiben
Da macht es nichts,
Ob du das Ganze irgendwie ein wenig nur verstehst
Sei gewiss:
Du bist niemals allein

Wie oft du auch immer so weinst,
Die Sonne wird doch immer wieder warm und recht
zufrieden scheinen
Wenn du dann von dem Großen, das du nicht erreichst,
Schon träumst
Wenn du am Anfang bist und manchmal doch ganz nah am
Abgrund scheinst
Mein Wunsch wird dich überallhin und immerzu begleiten
Und irgendwann wirst auch du nicht mehr allein und
einsam bleiben

Wie sehr du auch haderst mit dir und allen dummen Sorgen
Es wird wohl immer einen Weg und eine Lösung geben
Werfe nichts weg,
Denn es gibt ein Heute,
Und es gibt ganz sicher eine Hoffnung
Und einen völlig neuen, unverbrauchten Morgen
Nein, dein Lachen und dein Weinen bleiben mir niemals
verborgen
Denn aus alledem besteht dies eine, unwiederbringlich
wundervolle Leben
Sei gewiss:
Du bist niemals allein

Hoffnung

Hoffnung auf ein neues Leben
Fort mit alten Sorgen,
Fort
Möchte jetzt was Neues geben
Irgendwo ein anderes Leben
Irgendwie ein neuer Ort

Hoffnung auf die neue Chance
Die so ist,
Wie ich -noch- bin
Sehnsucht nach 'nem wilden Tanze
Auf ein Lächeln
Neu
Im Glanze
Nimm mich auf,
Du neuer Sinn

Hoffnung auf die neue Liebe
Die mich packt
In Herz
Und Hirn
Dass ich nie allein mehr bliebe,
Träumt ich mir
Und neue Ziele
Und mich niemals mehr
Verliern

Hoffnung auf manch' wilde Träume,
Die ich endlich leben kann
Dass ich nie mehr was versäume
Hoffnung auf die echten Träume
Auf die Zukunft
Irgendwann

Hoffnung auf mein neues Leben
Alte Zöpfe schneid ich ab
Meiner Heimat alles geben
Für das Gute will ich
Beten
Weil ich Kraft und Wünsche
Hab